Arthur

à Venise

A ma mère qui m'a fait découvrir cette ville magnifique,
A Dominique, Anouck, Tibaut
A Laura, Tibor, Antoine

Si vous souhaitez vous rendre à Venise et effectuer le tour d'Arthur accompagné par un guide professionnel, nous vous recommandons chaleureusement VENISE KIDS TOUR. Vous pouvez réserver sur **www.venicekidstours.com**. *La visite prend alors une toute autre dimension… Un remerciement tout spécial à Rossana COLOMBO, guide, qui nous a fait partager ses connaissances et nous a dévoilé de nombreuses anecdotes sur cette ville fantastique.*

Parus dans la même collection : *Arthur à Genève*
Arthur à Londres

Retrouvez-les sur le site internet: www.arthurvoyage.ch

Première édition, 2018 par Grâce Note Publications.
Grange of Locherlour, Ochtertyre,
Crieff, Scotland, PH7 4JS

www.gracenotepublications.co.uk
books@gracenotereading.co.uk

ISBN 978-1-907676-98-7

Arthur
à Venise

Caroline Ferrero Menut

Illustré par Nicole Devals

Voyager, c'était mon rêve depuis toujours, alors quand j'ai compris que j'avais le pouvoir secret extraordinaire de voyager dans mes rêves, je ne pensais plus qu'à une chose: quand allais-je repartir? Et pour quelle destination? Mais tout s'est passé bien différemment de ce que j'avais pu imaginer…

Chapitre I
Elio

Ce voyage-là me tient particulièrement à cœur à cause de mon compagnon de voyage qui m'a permis de découvrir cette ville pleine de surprises.

Tu as certainement, toi aussi, une petite peluche, une poupée ou un autre objet que tu emportes partout depuis que tu es tout petit et qui compte beaucoup pour toi.

Moi, c'était Elio. Ah, tu te demandes bien qui peut être Elio…
Alors essaye de deviner. Il a une épaisse crinière…

Non, ce n'est pas un cheval…

Allez, je te donne encore un indice : il rugit… Oui, c'est juste, cette fois tu as deviné. Elio est un lion, un joli petit lion en peluche tout doux avec lequel je dors toutes les nuits.

Je l'aime vraiment beaucoup car il est un peu mystérieux : Elio a des ailes ! As-tu déjà vu un lion avec des ailes ?

Comme je suis curieux j'ai demandé des explications à tout le monde autour de moi, à mes parents, à des amis et même à notre institutrice. Ils rigolaient tous et se moquaient de moi mais personne n'a jamais pu me dire pourquoi ce lion-là avait des ailes. Pourtant, moi, je sentais bien qu'il y avait une explication.

Chapitre 2
Mes punitions

Ce jour-là, j'étais de très mauvaise humeur. La maîtresse m'avait donné une punition à faire parce que, comme elle dit, « je ne sais pas tenir ma petite langue tranquille » !

J'avais un peu peur de rentrer à la maison. Mes parents sont gentils, mais avec l'école, ils ne rigolent pas, je dois toujours être exemplaire, et je savais que j'allais passer un sale quart d'heure.

Je ne m'étais pas trompé, les enfants sentent ces choses-là… J'ai dû faire ma punition et après avoir été grondé, ma mère m'a donné une assiette de soupe et mon père m'a dit d'aller immédiatement me coucher, avant mes frères et sœurs, qui eux rigolaient bien.

J'ai obéi sans rien dire mais j'étais vraiment fâché. Une punition à l'école, une punition à la maison, c'était trop pour une même journée. Je me suis glissé sous mon duvet et j'ai cherché Elio. Je l'ai serré très fort contre ma poitrine en pleurant tout doucement, pour que personne ne m'entende.

Il en avait reçu des larmes Elio au cours de toutes ces années, je partageais tous mes chagrins avec lui et il finissait toujours par me consoler. Je me suis blotti contre lui, mon nez dans sa fourrure pour sentir son odeur.

Mes yeux étaient lourds à cause de la fatigue et de mes larmes. J'étais sur le point de m'endormir, quand j'ai entendu une voix qui m'appelait :

« Arthur, ne sois pas si triste. »

J'ai été surpris et j'ai sauté en l'air.

« Qui m'appelle, qui êtes-vous ? »

« Voyons, tu ne me reconnais pas, pourtant, je suis avec toi tous les jours, depuis des années. »

« Si c'est une blague, ce n'est pas drôle ! Je vais crier. »

« Oh, Arthur n'aie pas peur, c'est moi, Elio. »

« Elio, mon Elio ? »

« Mais oui petit bonhomme, j'ai toujours été là pour te consoler et aujourd'hui, je vais te faire une surprise. »

J'ai regardé mon lion, que je serrais encore fort dans mes bras. Il était exactement comme d'habitude, seulement c'était très bizarre : sa bouche s'ouvrait, se fermait et il en sortait des sons.

Complètement réveillé et plus du tout fâché, je lui ai dit :

« Mais Elio tu parles, c'est formidable ! »

« Oui et je sais faire encore beaucoup d'autres choses, viens, suis moi. »

Chapitre 3
L'envol

Je me suis demandé où il pouvait bien aller, ce petit lion avec des pattes en peluche, quand il s'est passé quelque chose d'encore plus extraordinaire. Elio volait, il avait ouvert ses ailes et volait autour de moi sans la moindre difficulté. Je l'ai regardé la bouche grande ouverte.

« Ferme ta bouche, tu vas avaler une mouche, et suis moi, toi aussi tu peux voler. »

Certaines fois, il faut savoir ne pas poser de questions et profiter de la situation. J'ai soulevé mes couvertures et immédiatement je me suis mis à m'élever dans les airs.

« Viens », m'a crié Elio qui s'était déjà éloigné, « je t'emmène ».

Je me suis envolé par la fenêtre, sans avoir peur de m'écraser, et je l'ai suivi.

Mon corps était léger et faisait tout ce que je voulais, un peu comme quand on est dans l'eau. Je n'ai même pas demandé à Elio où nous allions, ça n'avait pas d'importance, je volais, à travers les nuages, à côté des oiseaux, je volais.

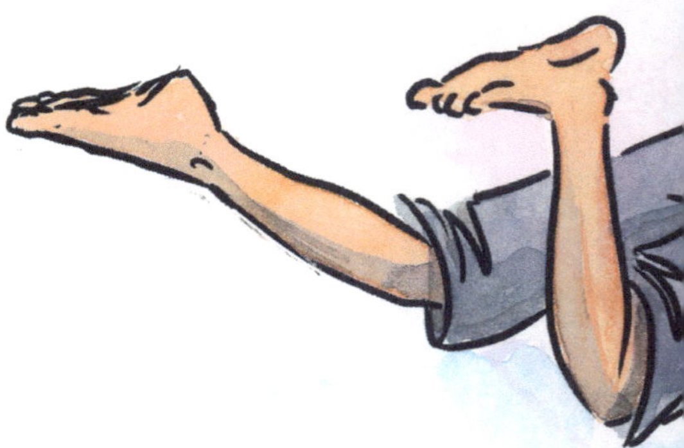

Après un long moment de silence, alors que le soleil se levait dans le ciel qui virait au rose Elio a ralenti et m'a dit :

« Nous sommes bientôt arrivés, donne-moi ta main, ferme les yeux et laisse-toi conduire. Il faut que tu aies la surprise. »

Je lui ai tendu ma main sans hésiter et j'ai senti que nous nous posions. À ce moment Elio a ajouté :

« Attends encore un peu, voilà, assied toi et maintenant, A..TTEN..TION, un, deux trois, ouvre les yeux ! »

J'ai ouvert mes yeux lentement et c'est alors que j'ai découvert la ville d'Elio.

Chapitre 4
Un petit air de paradis

Nous étions perchés tous les deux sur le toit d'un grand bâtiment et ce que j'ai vu était si étrange que je suis resté sans rien dire à regarder le spectacle :

Il y avait le soleil qui pointait maintenant son nez, le ciel avec des beaux reflets rose pâle et une ville qui commençait doucement à se réveiller. Mais dans cette ville l'eau avait remplacé les rues et les bateaux avaient remplacé les voitures. Si, si, c'est vrai !

Il y avait déjà pas mal de gens dehors, et j'ai regardé attentivement ce qu'ils faisaient. Certains avaient l'air de se rendre à leur travail et montaient dans des bateaux à moteur comme on monte chez nous dans un bus. Il y avait aussi des marchands avec des fruits et des légumes qui circulaient sur des barques. Et puis aussi des hommes debout dans une longue barque noire qui avançaient en poussant sur une sorte de rame.

Je suis resté silencieux un long moment à regarder ce paysage incroyable et je me suis dit que ça devait être chouette de vivre ici, sur l'eau, même si ça devait être compliqué pour faire brouter leurs vaches et leurs chèvres !

J'ai tourné la tête et j'ai demandé à Elio :

« Où sommes-nous ? Je n'ai jamais entendu parler d'une ville sur l'eau, c'est si beau… »

Elio était paisible et lui aussi profitait sans bouger de ce paysage qui semblait l'absorber tout entier. Il a tourné la tête vers moi :

« C'est ma ville, Arthi, c'est VENISE. »

« VENISE ? ça me dit quelque chose, attends… ah, oui Venise, Italie, j'ai lu que c'était la ville des amoureux ! »

« Oui, c'est vrai, on dit ça, à cause de la magie de l'eau. Tu vas voir, je vais te faire visiter, tu n'es pas au bout de tes surprises. Nous sommes maintenant assis sur le toit de la gare et devant toi, c'est le grand Canal, la principale « rue » (il rigolait) de Venise. Nous pourrions continuer à voler au-dessus de la ville mais ce serait dommage. Nous allons emprunter la même voie que les touristes, allons prendre le bateau, suis moi ! »

« Mais Elio, que vont dire les gens quand ils vont apercevoir un lion et un enfant qui volent et voyagent seuls dans un bateau ? »

« Personne ne nous voit Arthur, nous sommes invisibles. Tu peux me voir, je peux te voir, et c'est tout. Je t'avais dit que ce voyage te plairait. »

Chapitre 5
Et vogue le navire

Je l'ai suivi et nous avons atterri sur l'une des rives du grand Canal, non loin de la gare. Nous sommes montés dans un bateau à moteur où se trouvaient déjà installés de nombreux voyageurs.

«Ce bateau, c'est un vaporetto, un peu comme le bus. Il dessert la ville en s'arrêtant régulièrement d'un côté et de l'autre du grand Canal. Il fait encore un peu frais, veux-tu aller à l'intérieur?»

«Oh non Elio, restons dehors, je veux voir, tout voir et respirer ta ville.»

Nous nous sommes assis et nous avons remonté le grand Canal pendant plus d'une demi-heure. Elio m'a expliqué que Venise avait non seulement été construite sur l'eau mais qu'en plus elle a la forme d'un poisson, traversé au milieu par une grande arrête, le Grand Canal, sur lequel nous étions. J'ai trouvé cela rigolo.

Nous avons avancé sur l'eau doucement en contemplant le paysage. Il y avait de nombreux ponts, environ 450 d'après Elio. Ce dernier m'a attrapé par le bras et a crié :

« Place Saint Marc, tout le monde descend ! »

Nous sommes arrivés sur une place immense, déjà remplie de gens et de… pigeons. Des dizaines, des centaines, des milliers de pigeons. Je me suis mis à courir derrière eux et Elio me suivait. C'était très drôle car nous étions invisibles pour les autres mais les pigeons s'envolaient quand nous leur courrions derrière. Nous avons ri aux éclats.

« Attends » me dit Elio, « Viens, tu vas voir on va s'amuser. »

Il a ramassé par terre quelques graines jaunes et m'a demandé de le laisser faire. Il a écarté mes bras, a mis des graines dans chacune de mes mains et sur ma tête. En une seconde, j'ai été couvert de… pigeons : ils se posaient sur mes mains, sur ma tête pour manger les graines, je riais tout seul et Elio courait tout autour de moi.

Une fois les pigeons envolés, Elio m'a fait signe de le suivre.

« Nous allons monter dans cette grande tour que tu vois, qui s'appelle le Campanile. C'est le premier bâtiment qui a été construit sur cette place, il mesure 98 mètres de haut. Les Italiens l'appellent affectueusement « il padrone di casa. »

« Qu'est-ce que cela veut dire ? »

« Cela signifie le patron de la maison, parce que tu vois, on dirait que c'est lui qui surveille toute la place Saint-Marc. Mais tu sais, il y a très longtemps, en 1902, la tour s'est écroulée. »

« Non, pas possible et il y a eu des morts ? »

« Un seul mort, tu ne devineras jamais… un… Chat !!! Mais ne fais pas cette tête-là, elle n'est plus jamais retombée depuis, montons ! »

Heureusement, il y avait un ascenseur. Nous sommes arrivés au sommet en quelques minutes. De là-haut, on voyait tous les toits de Venise et la place Saint-Marc vue du ciel était encore plus impressionnante.

«Elio, je réfléchissais un peu en montant dans l'ascenseur, comment se fait-il que tu viennes de cette ville de Venise, tu ne ressembles pourtant pas à un italien, ai-je dit d'un ton moqueur.»

«Ah, petit malin, tu te moques de moi et bien tu n'auras qu'à découvrir tout seul pourquoi Venise est ma ville.»

Je l'avais vexé. Il est allé dans l'ascenseur et nous sommes redescendus du campanile en silence.

«Observe bien la basilique Saint Marc, Monsieur le petit malin, et tu trouveras déjà un indice pour répondre à ton intelligente question de tout à l'heure.»

«La basilique? Qu'est-ce que c'est? Moi je connais «le basilic» mais pas «la Basilique!»

«Gros bêta, vous n'apprenez rien à l'école? Une basilique, c'est une église.»

Chapitre 6
Le secret d'Elio

Je suis entré dans la basilique. C'était si grand. Les coupoles du plafond étaient recouvertes d'or, le sol sur lequel nous marchions avait été fait avec des pierres de type et de couleurs différentes qui formaient comme un joli puzzle. Je me suis dit que les hommes étaient tout de même formidables, d'avoir construit avec leurs petits bras de si grandes églises.

Mais, je ne voyais toujours pas où Elio voulait en venir. Rien dans cette basilique ne me faisait penser à lui. J'aurais plutôt pensé qu'Elio venait d'Afrique et ici, pas de gazelles ou d'antilopes.

Il m'attendait dehors sur la place et je suis sorti.

«C'est une blague Elio, tu sais je n'ai rien trouvé. Aide-moi un peu!»

«D'accord, promenons-nous un peu sur la Place Saint Marc, faisons le tour de la basilique et tu devrais trouver des indices de ma présence, «Monsieur Petit Malin.»

Curieux, j'ai commencé à marcher et je n'ai pas tardé à comprendre ce que voulait dire Elio. Devant la basilique, déjà, il y avait deux sortes de très grands mâts en bois plantés dans le sol et au sommet de chacun : un petit lion. Sur la gauche de la basilique, il y avait une tour avec une horloge magnifique et au sommet un lion avec une patte posée sur un livre ouvert. Derrière la basilique, nous sommes arrivés sur une place qui s'appelait, « la place des Lions », sur laquelle on voyait deux très beaux lions en pierre. J'ai demandé à Elio :

« Pourquoi tous ces lions à Venise ? »

« Tu n'as encore pas tout vu. Rien que sur la Place Saint Marc, on peut compter des dizaines de lions. Et regarde, le drapeau de Venise, là-bas. »

«Oh, encore un lion, mais c'est incroyable. Vas-tu enfin m'expliquer ? Et pourquoi tous ces lions ont-ils des ailes comme toi ? »

«Ah, c'est une longue histoire. Il est probable qu'à l'origine, les habitants de Venise qui ont toujours beaucoup voyagé en bateau car la mer est toute proche, aient ramené la première statue d'un de leurs voyages en Orient. On raconte que cette statue avait le corps d'un lion, le visage qui ressemblait plus à un homme qu'à un animal et qu'il avait des ailes. Ensuite, le lion a été choisi par les Vénitiens comme symbole du courage et de la force de leur ville. C'est aussi l'animal qui représente Saint Marc, le Saint qui a donné son nom à la place. Aujourd'hui encore, c'est un lion qui récompense les meilleurs films lors du festival de cinéma de Venise, tu sais le fameux «lion d'or. »

«C'est bien curieux tout cela. Alors toi, tu viens de Venise ? »

«Oui, c'est une dame qui m'a acheté dans une boutique là-bas et qui m'a amené chez toi. Mais, assez perdu de temps en explications, prenons une gondole pour nous promener dans les canaux, tu verras, c'est magique. Allez saute, celle-ci est libre. »

Chapitre 7
La gondole

Nous nous sommes installés dans une de ces superbes barques noires que j'avais vue à notre arrivée et le gondolier, qui ne nous avait bien entendu pas aperçus chantait une chanson en italien en pagayant avec son unique rame.

Sans une parole nous nous sommes laissés conduire et le temps semblait s'être arrêté. Nous étions bercés par le léger bruit de l'eau et regardions ce paysage de rêve.

Tout d'un coup, Elio m'a fait sursauter en disant :

«Arthur, ne t'endors pas, j'ai plein de choses à te montrer. Regarde, nous passons sous le Pont des Soupirs.»

« Le Pont des Soupirs ? »

«Oui, il est appelé ainsi car autrefois, ce pont reliait les Tribunaux que tu peux visiter dans les étages supérieurs du palais des Doges, sur ta gauche, à la prison, qui se trouvait sur ta droite. Le passage de ce pont était ainsi le dernier instant de liberté des prisonniers qui étaient enfermés à vie ou pour de nombreuses années.»

«Alors, forcément, ils soupiraient…»

«Oui. Mais de nos jours, il paraît que si l'on embrasse quelqu'un sous le pont des soupirs, on est heureux pour toujours.»

«Oh, alors viens Elio, un, deux, trois, SMAAACCCCKK, avec un aussi gros bisou, nous serons heureux pour la vie.»

Et nous avons ri à nouveau, tous les deux, nous étions si bien ensemble, amis de toujours dans cette ville pleine de surprises.

Chapitre 8
À travers les rues de Venise

À regret, nous sommes descendus de la gondole et Elio m'a emmené en haut des escaliers du palais des Doges.

«Regarde, encore un lion.»

C'était une tête de lion sculptée sur un mur, avec la bouche ouverte et dans sa bouche un trou comme pour glisser une enveloppe dans la boîte aux lettres.

«Bizarre, ça sert à quoi?»

«C'est très utile, à l'époque. Son nom c'est la «bocca di leone», la bouche du lion.»

«Ah, et ça servait à quoi, on dirait une boîte aux lettres.»

«En quelque sorte. Avant à Venise, dans ce bâtiment travaillaient les gens qui s'occupaient du paiement des taxes et «la bouche» était à la disposition des habitants qui pouvaient en secret dénoncer leurs voisins qui trichaient pour ne pas payer les taxes.»

«Ah, sympas les gens de chez toi, tu sais à l'école, si on dénonce quelqu'un, tu es sûr de te faire casser la figure.»

Elio a souri et nous sommes partis nous promener dans les petites ruelles vers la Place Saint-Marc.

« Je vais te montrer une librairie que j'adore et puis nous irons manger un petit goûter. Tu ne peux pas partir d'ici sans avoir mangé une glace et choisi une bonne pâtisserie. »

« Alors ça, je suis bien d'accord avec toi. »

Nous sommes arrivés devant la librairie. C'était vraiment étonnant. Je suis entré et je n'ai pas pu m'empêcher de sourire : il y avait des livres partout mais pas comme dans une bibliothèque ou une librairie. Là, ils étaient empilés dans des objets surprenants : une baignoire au milieu du magasin mais aussi une vraie gondole, on avait l'impression d'être dans une caverne pleine de livres, avec quelques chats qui également à l'intérieur, dormaient au milieu de tous ces ouvrages.

« C'est extraordinaire, je pourrais passer ma journée ici. »

« Oui, moi aussi », m'a répondu Elio. « Regarde, tu peux même arriver à cette librairie directement en bateau dans le magasin et quand l'eau monte car il pleut la librairie est pleine d'eau. C'est aussi pour cette raison que les livres sont dans une gondole ou une baignoire, pour les protéger. Va voir la petite cour intérieure, tu verras, ils ont même fait un escalier en livres pour que tu puisses regarder la vue de là-haut. »

J'étais vraiment émerveillé et nous avons quitté la librairie en souriant. Je n'avais pas oublié que nous avions décidé de prendre un goûter et manger est toujours pour moi d'une importance capitale.

Nous avons tout d'abord été dans une « gelateria », il y avait plus de parfums de glaces que je n'en avais jamais vus. J'ai trouvé très difficile de choisir entre toutes ces belles couleurs qui me faisaient saliver.

Puis nous sommes allés dans une pâtisserie et Elio m'a dit :

«Alors là, c'est moi qui choisis car tu dois goûter nos spécialités. Nous allons prendre des «bussolai», tu vois ce sont les biscuits en forme de «S», ils reprennent la forme du Grand Canal.»

Nous nous sommes alors assis au bord de l'eau et nous avons dégusté nos glaces avec les biscuits au goût de citron. C'était délicieux, nous étions si bien.

J'ai dit à Elio :

«J'adore ta ville, je pourrais y vivre. Tu dois être triste de l'avoir quittée.»
«Non, je ne suis pas triste, parce que cela m'a permis de te trouver. Maintenant j'ai un ami, un vrai et c'est tellement important. Je ne suis plus seul et si je veux revenir, je peux, avec toi mon ami.»

Je l'ai serré très fort dans mes bras. Moi aussi j'étais si content de l'avoir rencontré et fier qu'il considère plus important d'être avec moi que de vivre à Venise.

CHAPITRE 9
AU SECOURS, JE SUIS PERDU

Nous avons repris notre promenade dans les rues de Venise. J'étais un peu fatigué et je me suis arrêté quelques instants pour regarder des masques de carnaval.

L'un d'eux a attiré mon attention : il était tout blanc, sans motif, avec un grand nez allongé. Il était installé sur un mannequin qui portait une longue robe noire et des gants blancs. Je me demandais bien qui cela pouvait représenter.

À ce moment, une petite fille avec des taches de rousseur est entrée dans le magasin et s'est intéressée exactement au même masque que moi. Je l'ai suivie et je l'ai entendue demander au vendeur :

« Ce déguisement, c'est qui ? »

« Ah, celui-ci, chère Demoiselle, c'est un célèbre déguisement : le médecin de la Peste. »

« Le médecin de la Peste ? »

«Oui, à l'époque, à Venise, il y avait beaucoup de maladies et de graves épidémies. Pour éviter d'attraper les microbes, les médecins mettaient ce masque étrange et pensaient qu'ils étaient ainsi à l'abri. Il paraît même que certains d'entre eux mettaient dans ce long nez des parfums et des herbes médicinales, pour les protéger et ne pas sentir les mauvaises odeurs.»

J'ai dit en m'adressant à la fille :

«Génial, ce déguisement, ils étaient déjà intelligents les médecins de l'époque !»

Mais évidemment, elle ne m'a pas vu, ni entendu. Je suis alors sorti de la boutique et j'ai cherché Elio. J'ai regardé à droite, à gauche : personne. Mon cœur s'est mis à battre.

J'ai appelé très fort :

« Elio, Elio, je suis là. Où es-tu ? »

Il ne m'a pas répondu et je ne le voyais toujours pas. Les gens passaient dans la petite ruelle sans réagir. J'ai pris peur. Sans Elio, j'étais perdu, je ne connaissais pas Venise et j'étais encore un enfant. Comment rentrer chez moi ? Je ne connaissais pas le chemin et puis, je n'étais même pas sûr de savoir encore voler. Ma gorge s'est serrée.

J'ai avancé tout droit au hasard à travers les ruelles en suivant les touristes qui se promenaient. Je suis arrivé sur une petite place de laquelle partait un très beau pont en pierre blanche qui traversait le Grand Canal. J'ai lu l'inscription sur la plaque qui se trouvait à côté de moi « Pont du Rialto ».

J'ai pensé qu'en montant jusqu'en haut de ce pont, j'aurais une meilleure vue sur la ville et peut-être une chance de retrouver Elio. J'ai grimpé les escaliers quatre à quatre, il y avait de nombreuses boutiques sur chaque côté du pont et les touristes s'agglutinaient en masse, ce qui rendait ma recherche plus difficile.

Arrivé au sommet, j'ai regardé en direction du Grand Canal, à droite, à gauche, personne.
D'un côté du pont, de l'autre. Personne.

Mon voyage ne pouvait pas finir comme cela, Venise était une ville trop magnifique pour
que je sois perdu, en pleurs, abandonné au milieu de centaines de gens qui ne me voyaient
pas.

Je suis alors monté sur le bord du pont et j'ai crié de toutes mes forces :

« Elio, Eliooooooooooooooo ! »

Et j'ai sursauté en entendant tout prêt de mon oreille :

« Mais ne hurle pas comme
ça enfin, il est là ton Elio. »

CHAPITRE 10
LE RETOUR

J'ai ouvert les yeux, sans comprendre. Ma mère était là à côté de mon lit et elle tenait Elio dans ses mains.

«Tu n'es pas un peu grand pour hurler comme ça quand ton doudou tombe par terre. Il était là ton Elio, juste au pied de ton lit. Il suffisait de te baisser mais tu as réveillé toute la maison. Allez, viens, nous allons préparer le petit-déjeuner.»

J'étais encore complètement hébété quand ma mère, juste avant de s'en aller, m'a dit :

«Mais qu'est-ce que tu as dans les cheveux, on dirait une graine et ne mange pas dans ta chambre, tu as encore des miettes au coin de la bouche.»

J'ai mis la main dans mes cheveux et j'ai regardé : oui, c'était bien une graine, exactement comme celles que nous avions données à manger aux pigeons Place Saint Marc... mais alors j'y étais réellement allé à Venise??? Je me suis léché le coin de la bouche pour enlever les miettes dont ma mère avait parlé et j'ai reconnu le goût des biscuits en forme de «S».

J'ai serré Elio dans mes bras et tout bas je lui ai chuchoté dans l'oreille :

«Jamais je ne raconterai notre secret, jamais. Ce voyage a été merveilleux, merci de m'avoir emmené, je garderai ce moment de bonheur dans mon cœur toute ma vie.»

Avant de rejoindre ma famille pour le petit-déjeuner, j'ai pris la boîte qui se trouvait sous mon lit et j'ai placé la graine de maïs dedans à côté de mes autres souvenirs de voyages. Il y avait déjà à l'intérieur la clé de Genève, une photo de Tess avec son beau chapeau de Londres.

Que ma vie était belle et intéressante, je suis sorti de ma chambre en criant «Youpi j'aime la vie!», ce qui a fait rire mes frères et sœurs. Mon père lui, m'a regardé en hochant la tête: «Peut-être que tu devrais recevoir plus de punitions, tu as l'air en pleine forme ce matin!»

Arthur

à Venise

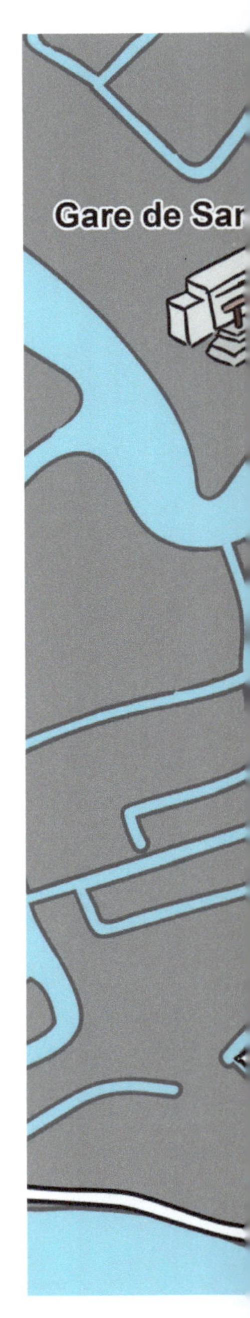

Rio Terà S. Leonardo
Campo San Geremia
Grand Canal
Strada Nova
Calle Boldù
Pont du Rialto
Calle del Cafetier
Salizada San Lio
Rio Tera' dei Nomboli
Calle del Lovo
Pont des Soupirs
Grand Canal
Calle Foscari
Calle de la Cortesia
Riva degli S
Place Saint Marc
Lunga S. Barnaba
Campiello S. Vidal
ta Zattere al Ponte

Un mot sur l'auteur

Caroline Ferrero Menut

La facilité d'apprentissage des enfants et leur curiosité pour tout ce qui les entoure m'ont toujours fascinée. Mère de famille et passionnée de voyages, j'ai rapidement conçu des histoires ludiques pour encourager nos enfants à découvrir de nouveaux lieux en notre compagnie, ce qui a fonctionné au-delà de mes espérances. Nous avons visité d'innombrables villages, villes et pays, proches ou très éloignés, sur les traces de personnages imaginaires inventés pour l'occasion, avec un enthousiasme une gaîté et une excitation bien réelles. Avocate de profession, l'écriture est un moyen d'expression qui m'est familier et j'ai eu envie, en publiant ce premier livre, de partager avec d'autres enfants ce grand plaisir de découvrir de nouveaux horizons et de se cultiver en s'amusant.

Un mot sur l'Illustratrice

NICOLE DEVALS

D'aussi loin qu'elle s'en souvienne, Nicole a toujours aimé dessiner. Enfant, c'est avec ses crayons et son regard aiguisé qu'elle a pu s'exprimer, trouver sa place et croquer, pour le plus grand plaisir de tous.

La BD l'influence et elle comprend très vite que la qualité d'un ouvrage vient aussi des images. Voilà sa voie toute tracée : à Lyon, Nicole fréquente l'école Emile Cohl qui la conforte dans son choix de devenir illustratrice.

Elle fait ensuite ses classes dans une imprimerie, en tant que graphiste, poste qu'elle occupe pendant 12 ans avant de devenir indépendante. Affiliée à une maison d'édition, l'imprimerie en question verra Nicole illustrer ses premiers ouvrages.

Aujourd'hui, Nicole met ses compétences de graphiste et d'illustratrice au service de nombreux projets. C'est autant dans les domaines de la littérature jeunesse, des supports pédagogiques que des grandes institutions internationales que se déploient ses qualités artistiques.

ARTHUR
à Genève
Caroline Ferrero Menut
Illustré par Nicole Devals

ARTHUR
à Londres
Caroline Ferrero Menut
Illustré par Nicole Devals

www.ingramcontent.com/pod-product-compliance
Lightning Source LLC
Chambersburg PA
CBHW042121030726
47599CB00002B/293